BEI GRIN MACHT SICH IHR
WISSEN BEZAHLT

- Wir veröffentlichen Ihre Hausarbeit,
  Bachelor- und Masterarbeit

- Ihr eigenes eBook und Buch -
  weltweit in allen wichtigen Shops

- Verdienen Sie an jedem Verkauf

Jetzt bei www.GRIN.com hochladen und kostenlos publizieren

Bibliografische Information der Deutschen Nationalbibliothek:

Die Deutsche Bibliothek verzeichnet diese Publikation in der Deutschen National-bibliografie; detaillierte bibliografische Daten sind im Internet über http://dnb.d-nb.de/ abrufbar.

Impressum:

Copyright © 2016 GRIN Verlag, Open Publishing GmbH
Druck und Bindung: Books on Demand GmbH, Norderstedt Germany
ISBN: 9783668241114

Dieses Buch bei GRIN:

http://www.grin.com/de/e-book/324258/anreissen-mit-einer-reissnadel-unter-ver-wendung-eines-stahllineals-unterweisung

Maximilian Bayer

Anreißen mit einer Reißnadel unter Verwendung eines Stahllineals (Unterweisung Industriemechaniker/in)

GRIN Verlag

GRIN - Your knowledge has value

Der GRIN Verlag publiziert seit 1998 wissenschaftliche Arbeiten von Studenten, Hochschullehrern und anderen Akademikern als eBook und gedrucktes Buch. Die Verlagswebsite www.grin.com ist die ideale Plattform zur Veröffentlichung von Hausarbeiten, Abschlussarbeiten, wissenschaftlichen Aufsätzen, Dissertationen und Fachbüchern.

Besuchen Sie uns im Internet:

http://www.grin.com/

http://www.facebook.com/grincom

http://www.twitter.com/grin_com

Unterweisung

Industriemechaniker / in

Anreißen mit einer Reißnadel unter Verwendung eines Stahllineals

Bayer, Maximilian

Inhaltsverzeichnis

1. Didaktische Überlegung

1.1 Thema der Unterweisung
Anreißen mit einer Reißnadel unter Verwendung eines Stahllineals

1.1.1 Ausbildungsrahmenplan
(§ 11 Abs. 1 Nr. 8)
-Herstellen von Bauteilen und Baugruppen
-Werkstücke durch manuelle und maschinelle Fertigungsverfahren herstellen

1.1.2 Thema der letzten Unterweisungseinheit
Vorbereitung der Bleche bzw. Flachstähle
a. UVV (Unfallverhütungsvorschriften)
b. fachgerechtes Sägen mit der Handbügelsäge
c. fachgerechtes Endgraten des Flachstahls mit den Feilen

1.1.3 Thema dieser Unterweisungseinheit
Anreißen mit einer Reißnadel unter Verwendung eines Stahllineals
a. UVV (Unfallverhütungsvorschriften)
b. fachgerechtes Anreißen von Blechen und Flachstähle

1.1.4 Thema der nächsten Unterweisungseinheit
Vorstellung des Körnens auf Blechen bzw. Flachstählen
a. UVV (Unfallverhütungsvorschriften)
b. fachgerechtes Körnen

1.2 Ort. Zeit. Dauer
Die Unterweisung findet in der Ferdinand-Braun- Schule Fulda um 9:45 Uhr statt.
Die Unterweisung wird ca. 15 Minuten dauern.

1.3 Arbeitsmittel
Ein Blech von der vorherigen Unterweisungseinheit, liegt schon in der Werkstatt auf der Werkbank bereit.
Nun benötigen wir noch:
Stahllineal:
Das Stahllineal ist aus Federbandstahl gefertigt und trägt eine Teilung in ganzen Millimetern.
Manchmal sind auch noch die halben Millimeter angegeben. Für Arbeiten an der Werkbank werden Stahllineale von 200 – 500 mm Länge verwendet. Sie dürfen nicht verdreht oder verbogen werden, sonst leidet die Maßgenauigkeit.

Reißnadel:
Zum Anreißen von harten Werkstoffen wir eine Reißnadel aus Stahl verwendet.
Ihre Spitze ist gehärtet. Sie gibt es in verschiedenen Ausführungen.

Vorgefertigte Bleche

Arbeitsblätter

1.3.1 Hinweise zur Arbeitssicherheit
- Arbeitskleidung und Sicherheitsschuhe sind zu tragen
- Überprüfung der zu verwendeten Werkzeuge und Materialien auf deren
Zustand
- Werkstück muss immer entgratet sein (Gefahr von Schnittverletzungen)
- Reißnadelspitze nach der Nutzung mit dem Kork sichern (Gefahr von
Stichverletzungen). Deshalb darf die Reißnadel auch nicht in die Tasche der
Kleidung gesteckt werden.

2. Methodische Überlegung

2.1 Methodenwahl / Begründung

Vier – Stufen – Methode. Der Auszubildende kann bei dieser Methode aktiv teilnehmen. Er soll durch Nachahmen des Ausbilders mögliche Verfahrensweisen erkennen und anwenden können.

2.2 Motivation

- fachgerechtes Anwendung von Anreißzeugen
- fachgerechtes und genaues Anreißen
- selbstständiges Arbeiten
- Bedeutung des Lerngegenstands
- Didaktische Gliederung (z.B. vom Leichten zum Schweren)

2.3 Handlungskompetenz

2.3.1 Fachkompetenz

- fachliche Fertigkeiten (Anreißen)
- fachliche Kenntnisse (Arten und Möglichkeiten)

2.3.2 Methodenkompetenz

- Planungsfähigkeit (Vorgehensweise)

2.3.3 Sozialkompetenz

- Umweltbewusstsein (Entsorgung)

2.3.4 Angestrebte Schlüsselqualifikation

- Selbständigkeit
- Verantwortlichkeit
- Qualitätsbewusstsein

3. Didaktische Analyse

3.1 Formulierung des Lernzieles

3.1.1 Richtlernziel
Herstellen von Bauteilen und Baugruppen
(§ 11 Abs. 1 Nr. 8)

3.1.2 Groblernziel
Werkstücke durch manuelle und maschinelle
Fertigungsverfahren herstellen

3.1.3 Feinlernziel
- Allgemeines Anreißen auf Materialien
- Anreißnadel anwenden können mit Stahllineal
- Zeichnung mit Maßen lesen können
- konzentriertes und genaues Arbeiten unter Beachtung der Arbeitssicherheit

3.2 Formulierung des Lernzielbereiche

3.2.1 Kognitiver Lernbereich
- der Auszubildende soll die richtige Handhabung der Hilfsmittel und Unfallverhütungsvorschriften beim Anreißen wiedergeben und erklären können.
- Analysieren und danach anwenden der richtige Anreißwerkzeuge
- Die Inhalte der Zeichnung fassen können

3.2.2 Psychomotorischer Lernbereich
- Lernt fachgerechtes Handhabung mit Anreißnadel
- Lernt fachgerechtes nutzen des Stahllineals

3.2.3 Affektiver Lernbereich
- Der Auszubildende soll die Wichtigkeit vom Einhalten der Maßgenauigkeit und geltenden Unfallverhütungsvorschriften bei Anreißen beachten. Er soll lernen, Konzentration und Gründlichkeit für den gesamten Arbeitsablauf zu praktizieren.

4. Ablauf der Unterweisung

4.1 I. Stufe: Vorbereitung und Motivation (Zeit ca. 2 min.)

- Ich Motiviere ihn, indem ich vorgefertigte Beispiele präsentiere. Dabei zeige ich dem Auszubildenden wie wichtig es ist, richtiges Anreißen zu Lernen.

So stelle ich mir die Stufe 1 vor:
- Der Arbeitsplatz muss übersichtlich geordnet sein
- Die erforderlichen Unterweisungsmittel müssen bereit liegen
- Durch ein lockeres Gespräch versuche ich den Auszubildenden die Hemmung zu nehmen
- Abfrage der Vorkenntnisse, an die ich anknüpfen kann

4.2 II. Stufe: Vormachen und erklären 8 (Zeit ca. 4 min.)

Einführung:
- Ich gebe ihm die Arbeitsblätter zum Anreißen (Zeichnung)
- Vorstellung der Reißnadel mit Erklärung für den Verwendungszweck.
- Vorstellung des Stahllineals mit Erklärung für den Verwendungszweck.
- Mache ihn auf Verletzungsgefahr aufmerksam und erkläre ihm die UVV.

Es werden zwei Sinne angesprochen: das Hören und das Sehen. Er kann anhand eines Bildes sehen wie z.B. eine Reißnadel richtig geführt wird, damit genaue und korrekte Maße entnommen werden können.

Vormachen:
- Stabile Lage des Werkstückes sicherstellen.
- Die Maße aus der Zeichnung entnehmen und mit Hilfe von Stahlmaßstab und Reißnadel auf dem Blech anreißen und dabei mein Vorgehen erklären.

Durch Vormachen wird die Handhabung und Ausführung dem Auszubildenden dieses verständlich gemacht.

So stelle ich mir die Stufe 2 vor:
- Langsam vormachen und dabei erklären (was, wie, warum.)
- Der Auszubildende steht rechts neben mir
- Ihm die Gelegenheit geben, mir Fragen zustellen
- Die wichtigen Kernpunkte wiederhole ich nochmal

4.3 III. Stufe: Nachmachen und erklären (Zeit ca. 7 min.)

- Der Auszubildende macht die Arbeit nach und wiederholt die einzelnen Schritte. Hierzu erklärt er, was genau er tut.
- Ich bleibe dabei, beobachte, helfe und ermutige.
- Auf kleine Fehler mache ich erst danach aufmerksam, auf große Fehler die zur Verletzung führen könnten, weise ich sofort hin.
- Ich lobe ihn, wenn er seine Arbeit gut macht.

4.4 IV. Stufe: Selbstständig arbeiten lassen (Zeit ca. 5 min.)

Ich lasse ihm die Zeit zum Üben und kontrolliere mit ihm öfters seine Arbeit. Wenn er die Übung beherrscht, lobe ich ihn und weise auf die nächste Unterweisung hin.